Perrette Samouïloff

Jeux et jouets

Des centaines de motifs à broder au point de croix

Photographies : Fabrice Besse
Stylisme : Sonia Roy

D1727007

MANGO PRATIQUE

Point de croix et Cie

Retour en enfance, dans le monde attachant des poupées et oursons, fidèles compagnons des plus jeunes années, mais aussi dans l'univers ludique du bac à sable, lieu privilégié des mercredis après-midis. Au fil des modèles, vous redécouvrirez avec plaisir les jeux qui ont accompagné cette période et choisirez de broder çà et là des motifs joyeux et des visages espiègles.
À vous de jouer !

La collection

Chaque double page de ce livre propose des grilles qui vous permettront de broder des tableaux et une série d'accessoires originaux. Ces grilles peuvent être reproduites à l'identique ou être réinterprétées. Brodeuses, débutantes ou confirmées, utilisez-les comme une boîte à idées : feuilletez, piochez, mélangez les modèles, changez les couleurs, utilisez des toiles de différentes couleurs, composez de nouveaux tableaux. Ce livre est le point de départ idéal pour imaginer, concevoir et réaliser vos propres créations.
Tel le dessinateur qui a toujours sur lui un carnet de croquis, emportez partout votre livre et brodez sans modération.

Le modèle

La broderie au point de croix, ou point compté, se fait d'après un modèle proposé sous l'aspect d'une grille quadrillée en couleurs. Chaque case de couleur correspond à un point à exécuter sur le tissu ■. Une demi-case correspond à un demi-point ◪. Pour faciliter la lecture, la grille associe parfois un symbole en plus de la couleur lorsque deux couleurs sont trop proches ou si la couleur est trop claire.

Un même symbole correspond toujours à une même couleur tout au long du travail. Les cases sans couleur, ni symbole indiquent les endroits qu'il ne faut pas broder.

Toile Aïda

Si vous débutez dans cette technique, préférez la toile dite Aïda aux toiles de lin, d'unifil ou d'Étamine. Sa trame a l'avantage de ressembler beaucoup aux cases du modèle. Les plus averties, qui travailleront sur une toile dont les fils sont tous semblables, convertiront sur le tissu chaque case de la grille, en brodant sur un groupe de fils dont le nombre sera toujours identique, tant en hauteur qu'en largeur. Par exemple 2 fils en hauteur sur 2 fils en largeur (schéma ci-contre).

Toile simple

Le point de croix

Le point de croix est élémentaire aussi bien d'aspect que d'exécution. Il se compose tout simplement de deux points obliques entrecroisés. Il peut être réalisé seul, ou en continu (voir schémas ci-dessous). Dans ce cas, il importe, pour un plus bel effet, de broder les croix toujours dans le même sens, c'est-à-dire du bas à gauche vers le haut à droite ; puis, au retour, du bas à droite vers le haut à gauche.

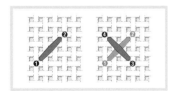

Point de croix simple

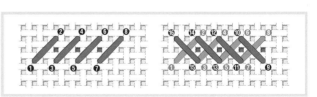

Point de croix en continu

Lorsque les croix sont isolées, achevez toujours un point avant de passer au suivant. Votre travail sera plus régulier.

Le fil le plus adapté est le mouliné. Composé de six brins, il est divisible selon les besoins de la broderie et la trame de la toile.

Les autres points

Certains points de broderie s'allient astucieusement au point de croix, soit pour en souligner quelques contours, soit pour créer un détail que le point de croix ne peut rendre.

Ainsi, le demi-point de croix, ou point de tapisserie, qui n'est rien d'autre qu'un point de croix dont on ne brode qu'une seule diagonale, permet d'alléger l'intensité des couleurs et de réaliser des ombres sur un fond.

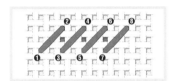

Demi-point de croix,
ou point de tapisserie

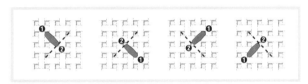

Quart de point de croix

Le quart de point de croix s'utilise principalement sur une toile simple. Travaillé sur un seul fil de toile, il permet de rendre un détail impossible à exécuter au point de croix.

Le trois-quart de point de croix permet, lui, de préciser le mouvement d'un motif, qui sera bien souvent bordé par un point de piqûre. Ce point permet d'éviter les « escaliers » en ce sens que le mouvement retour du fil ferme le point, soit par la droite, soit par la gauche.

Ces trois points sont symbolisés sur la grille par une demi-case : ◩, ◪, ◪, ◪. À vous de choisir celui qui vous convient le mieux.

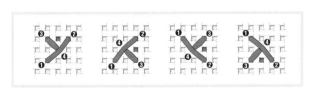

Trois-quart de point de croix

Le point arrière, aussi appelé point de piqûre, est idéal pour border un motif, en souligner une partie ou figurer un détail, comme le ferait un trait de crayon. Il s'exécute une fois le motif complet au point de croix terminé. Il se travaille généralement avec un nombre de fils moins important que le point de croix, et le plus souvent d'une tonalité plus foncée. Selon le rendu recherché, vous pouvez suivre le contour des croix, allonger les points ou travailler en diagonale. Sur les grilles, les détails au point arrière sont figurés par des lignes continues.

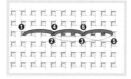
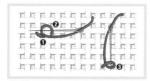

Point arrière
de chaque fil de la toile

Point arrière allongé

Point de nœud

Le point de nœud sert, par exemple, pour les pupilles des personnages ou les étamines des fleurs, là où une croix aurait une taille trop importante. Il est symbolisé sur la grille par un petit cercle ●.

⠿ L'ouvrage

Préparation

Avant de broder au point de croix, préparez la toile en surfilant les bords. Cette opération, que certaines remplaceront par l'application d'un ruban adhésif tout du long, évitera à l'ouvrage de s'effilocher. La toile doit être un peu plus grande que l'ensemble de votre broderie afin de pouvoir ultérieurement être encadrée ou cousue : comptez au moins 10 cm de marge autour de la broderie. Pliez votre toile en quatre pour en trouver le centre, puis bâtissez deux fils, l'un horizontal, l'autre vertical, passant par cet axe et allant d'un côté à l'autre de l'ouvrage. Ces fils serviront simplement de repères pour broder, et ils seront enlevés une fois l'ouvrage terminé. Vous pouvez réaliser les mêmes repères sur la grille pour vous guider.

Remarque importante

Lorsque vous commencez un fil, ne faites pas de nœud sur l'envers de votre ouvrage car cela créerait une surépaisseur disgracieuse au moment de repasser la broderie. À la place d'un nœud, maintenez du doigt l'extrémité de votre fil sur 1 ou 2 cm sur l'envers de votre ouvrage, vous l'enfermerez ainsi automatiquement lors de vos premiers points.

Pour achever un fil, retournez votre ouvrage et glissez votre fil sous les trois ou quatre derniers points brodés.

En cours de travail

Ne laissez pas de longs fils courir à l'arrière de votre ouvrage car ils se verront par transparence. Si les points de croix à broder d'une même couleur sont éloignés de 2 cm maximum, vous pouvez glisser votre fil et broder les points suivants. Si les points sont plus éloignés ou le fil de couleur foncée, rentrez le fil sous les autres points, coupez-le et recommencez plus loin.

> **Astuce**
> Si les brins de votre aiguillée s'entortillent, retournez votre ouvrage et laissez votre aiguille pendre dans le vide. Le fil se déroulera automatiquement pour revenir dans la bonne position.

La finition

Une fois votre broderie terminée, enlevez les fils de bâtis horizontal et vertical qui vous ont servi de repères pour centrer votre motif. Lavez votre ouvrage délicatement à l'eau froide. Lorsqu'il est sec, repassez-le sur l'envers à l'aide d'une pattemouille.

Encadrement

Gardez au minimum 7 cm tout autour de votre ouvrage pour pouvoir l'encadrer. Coupez un carton fort d'une dimension à peine plus réduite que celle de votre cadre. Sur votre ouvrage placé à l'envers sur la table, posez le carton, en le centrant par rapport au motif. Avec un fil solide et épais, lacez ensemble le bord supérieur et le bord inférieur de l'ouvrage. Resserrez le fil régulièrement au cours de l'opération afin de bien tendre la toile. Attention, agissez avec précaution pour ne pas endommager le travail. Faites de même avec les deux autres côtés. Placez ensuite votre broderie dans le cadre, sous verre.

> **Astuce**
> Pour donner du relief à votre broderie, vous pouvez aussi glisser entre le carton et le tissu un morceau de ouatine.
> Dans ce cas, votre broderie ne sera pas mise sous verre mais simplement encadrée par des baguettes, ce qui la mettra en valeur. Vous pouvez aussi suspendre tout simplement votre tableau brodé grâce à des petites baguettes de bois placées en haut et en bas.

⠿ Les accessoires

L'aiguille

L'aiguille utilisée pour le point de croix est une aiguille à bout rond dont le chas est plus large que celui des aiguilles à coudre. Son bout arrondi évite à la trame de s'abîmer ; la grosseur du chas permet le passage de brins plus ou moins épais ou nombreux. Ainsi, une aiguille n° 26 conviendra pour travailler avec un seul brin de fil mouliné, mais il vous faudra une aiguille n° 24 pour travailler avec deux ou trois brins. La taille de l'aiguille sera aussi choisie en fonction de la trame. Vous pouvez également vous munir d'un enfile-aiguille très pratique lorsqu'il s'agit pour une même aiguillée d'enfiler deux ou trois brins ensemble.

Le tambour à broder

Il est parfois nécessaire, surtout lorsqu'on travaille sur des toiles très souples, d'utiliser un tambour. Il permet de tendre la toile et, ainsi, d'obtenir des points réguliers.

Une paire de ciseaux

Utilisez des petits ciseaux pointus et réservez-les uniquement à votre broderie. Prenez garde lorsque vous voyagez à ne pas mettre la paire de ciseaux en contact avec votre tissu, qui pourrait alors être troué.

Cartons pour ranger les fils

Ne perdez pas les références des fils que vous utilisez. Si vous avez vous-même choisi les couleurs de votre modèle, les noter vous sera utile pour le refaire. Par ailleurs, la gamme de couleurs de fils est très vaste, il est préférable de pouvoir identifier facilement la référence des fils que vous possédez dans votre boîte à couture. Vous pouvez acheter des cartes perforées qui permettent de ranger les fils en les insérant et de noter en marge les références. Vous pouvez également les fabriquer vous-même.

Il est possible aussi d'employer des cartons de type cartons de laine à repriser, sur lesquels vous embobinerez vos fils. Bien entendu, vous n'utiliserez qu'une seule couleur de fil par carton.

Les toiles classiques

La toile Aïda

Facile à utiliser, l'entrecroisement des fils formant des carrés réguliers, la toile Aïda se présente dans des grosseurs différentes : 2,4 points, 4,4 points, 5,5 points, 6 points et 7 points au centimètre.

Sachez que la taille de votre ouvrage dépendra de la toile que vous choisirez. Moins la toile aura de points au centimètre, plus votre broderie terminée sera grande. Par exemple, une broderie faite sur de l'Aïda 2,4 points au centimètre sera nettement plus grande qu'une autre faite sur de l'Aïda 7 points au centimètre.

Vous trouverez page suivante un tableau vous permettant de connaître approximativement la longueur obtenue pour 10 points, selon la toile utilisée. Si vous avez déjà une idée du nombre de points de votre modèle, ces références de conversion peuvent vous être très utiles.

Toile Aïda	longueur pour 10 points	nombre de brins de fil mouliné à employer
2,4 points/cm	4,16 cm	4 à 6 brins
4,4 points/cm	2,5 cm	3 brins
5,5 points/cm	1,82 cm	2 ou 3 brins
6 points/cm	1,67 cm	2 brins
7 points/cm	1,4 cm	1 ou 2 brins

Toile de lin, toile unifil et toile Étamine

En lin ou en coton, ces toiles vous permettent de choisir le nombre de fils de trame pour chaque croix. Elles sont un peu plus difficiles à travailler que la toile Aïda, car elles ne sont pas tissées par carrés, mais cette difficulté est largement compensée par un résultat plus raffiné.

> **Astuce**
> Si vous brodez sur une toile foncée, mettez un tissu clair sur vos genoux : ainsi vous distinguerez plus facilement les endroits où piquer avec votre aiguille.

■ Sur deux fils de trame

Voici, dans le tableau ci-dessous, les correspondances si vous brodez chaque croix en hauteur et en largeur sur deux fils de trame.

Toile de lin	longueur pour 10 points	nombre de brins de fil mouliné à employer
5 fils/cm	4 cm	4 à 6 brins
10 fils/cm	2 cm	2 ou 3 brins
11 fils/cm	1,82 cm	2 ou 3 brins
12 fils/cm	1,67 cm	1 ou 2 brins
13,5 fils/cm	1,48 cm	1 brin

Toile Étamine	longueur pour 10 points	nombre de brins de fil mouliné à employer
10 fils/cm	2 cm	2 ou 3 brins

■ Sur un fil de trame

Voici, dans le tableau page suivante, les correspondances si vous brodez chaque croix en hauteur et en largeur sur un fil de trame.

Toile de lin	longueur pour 10 points	nombre de brins de fil mouliné à employer
5 fils/cm	2 cm	3 à 4 brins
10 fils/cm	1 cm	1 brin
11 fils/cm	0,91 cm	1 brin
12 fils/cm	0,83 cm	1 brin
13,5 fils/cm	0,74	1 brin

Toile Étamine	longueur pour 10 points	nombre de brins de fil mouliné à employer
10 fils/cm	1 cm	1 brin

Toiles prédécoupées ou au mètre

Les toiles Aïda, la toile de lin ou la toile Étamine existent dans de nombreux coloris, soit au mètre, soit sous forme de coupons.

Choisissez selon l'ouvrage que vous souhaitez réaliser. Si vous brodez régulièrement, la toile au mètre sera plus économique. Conservez les chutes pour broder de petits motifs.

⠿ Les toiles fantaisie

Avez-vous envie de broder une nappe ? une serviette de toilette ? de garnir de motifs un joli torchon ? un bavoir ? un galon ? une peluche ? Tout existe de nos jours pour vous aider à réaliser vos souhaits et vous trouverez dans le commerce mille et un supports pour assouvir votre passion.

Quelques repères :
Imaginons que votre toile ait 10 fils/cm et que votre motif soit de 52 points sur 52.
Si vous travaillez sur deux fils de trame :
52 ÷ 5 (10 fils divisés par 2 = 5), votre broderie fera donc 10,4 cm.

> **Astuce**
> Pour connaître le nombre de fils au centimètre d'une toile destinée à devenir, par exemple, une nappe, placez deux épingles distantes l'une de l'autre de 1 centimètre et comptez les fils qui les séparent.

Si vous travaillez sur trois fils de trame :
52 ÷ 3,33 (10 fils divisés par 3 = 3,33), votre broderie fera donc 15,62 cm. Bien sûr, ces valeurs sont approximatives, car elles dépendent de la façon dont vous brodez, serrée ou non.

Les toiles de vinyle, le carton à broder, le canevas plastique

Ces supports sont appropriés à la broderie de petits sujets destinés à servir de marque-pages, à constituer des mobiles, des décorations de

gâteau d'anniversaire, etc. Il suffit de broder le motif choisi et ensuite découper, soit tout autour du motif à une case de la broderie, soit en fonction de la forme finale de l'objet (par exemple, un rectangle allongé pour un marque-page).

La toile tire-fil et la toile soluble

La toile tire-fil permet de broder sur n'importe quel support textile. La technique consiste à broder le motif à l'aide de la toile tire-fil fixée au support final. Il est indispensable d'utiliser un tambour afin de maintenir la broderie en place sur le support final.

Les points de croix se brodent au travers des deux épaisseurs de tissu. Lorsque le motif est achevé, il suffit de tirer un par un les fils de la toile tire-fil à l'aide d'une pince à épiler. Les points de croix resteront sur le support final.

Le principe de la toile soluble est le même que celui de la toile tire-fil. Une fois le motif brodé, il suffit de laver l'ouvrage pour dissoudre cette toile.

La toile pré-quadrillée

Des repères quadrillés facilitent le repérage des points. Une fois la broderie terminée, il suffit de laver l'ouvrage pour que les repères disparaissent.

Les fils D.MC

Le mouliné « Spécial »

Le fil mouliné est le fil le plus couramment utilisé pour le point de croix, sa gamme de couleurs est très riche car il existe 465 couleurs. Il est composé de six brins, facilement divisibles.

Le mouliné « Color variations »

Le mouliné dégradé « Color variations » donne au point de croix des effets surprenants sans pour autant exiger plus d'effort de la part de la brodeuse qu'un mouliné uni. L'effet est particulièrement intéressant sur des motifs fins. La référence de ce fil est précédée d'un « V » dans notre légende et elle correspond à la gamme des fils 4010 à 4240.

Si vous travaillez avec du mouliné dégradé, achevez à chaque fois un point avant de passer au suivant afin de ne pas avoir de différences de tons trop importantes entre les aiguillées. Lorsque vous commencez une nouvelle aiguillée, prenez garde à démarrer par le même ton. Si vous finissez par un ton clair, redémarrez par un ton clair, et inversement.

Le mouliné « Effet Lumière »

Métallisés ou irisés, chinés ou unis, ces fils se déclinent dans de nombreux coloris.

Vous pouvez mélanger un brin de mouliné métallisé avec un brin de mouliné traditionnel de couleur très proche pour apporter un relief différent à votre broderie. La référence de ce fil est précédée d'un « E » dans la légende.

Le fil « Satin »

Divisible comme le mouliné, ce fil de rayonne existe dans une palette de 36 couleurs. Il apportera une brillance éclatante et un toucher doux comme la soie à vos créations. La référence de ce fil est précédée d'un « S » dans la légende.

> **Astuce**
> Le fil métallisé se dédouble facilement au cours du travail, aussi brodez-le avec une aiguille à coudre ayant un petit chas et n'utilisez que de petites aiguillées.

Le « retors mat »

Ce fil non divisible peut être utilisé sur la toile Aïda à trame large.

Le coton perlé

D'aspect brillant, uni ou dégradé, le coton perlé se présente sous forme d'échevette ou de pelotes et en différentes grosseurs. Le coton perlé n° 5 convient le mieux au point de croix. Ce fil, qui donne beaucoup de relief aux ouvrages, s'utilise sur des grosses toiles pour broder des nappes, des napperons ou autre linge de table.

Le « Broder spécial »

Il est utilisé pour les points délicats et les motifs fins tels que les monogrammes et les initiales.

⋮⋮ Idées créatives

Vous pouvez donner des profondeurs et des styles différents à votre ouvrage en mélangeant les fils existant. Amusant et surprenant, le mélange des matières donne des réalisations très originales. Pour apporter des dégradés subtils à vos créations, mélangez un brin de mouliné clair et un brin de mouliné plus foncé dans la même tonalité.

Jouez aussi avec le nombre de brins de fil à broder selon votre toile ; plus vous brodez avec un nombre de brins important, plus les couleurs sont denses. Au contraire, moins vous utilisez de brins, plus votre broderie sera délicate et légère.

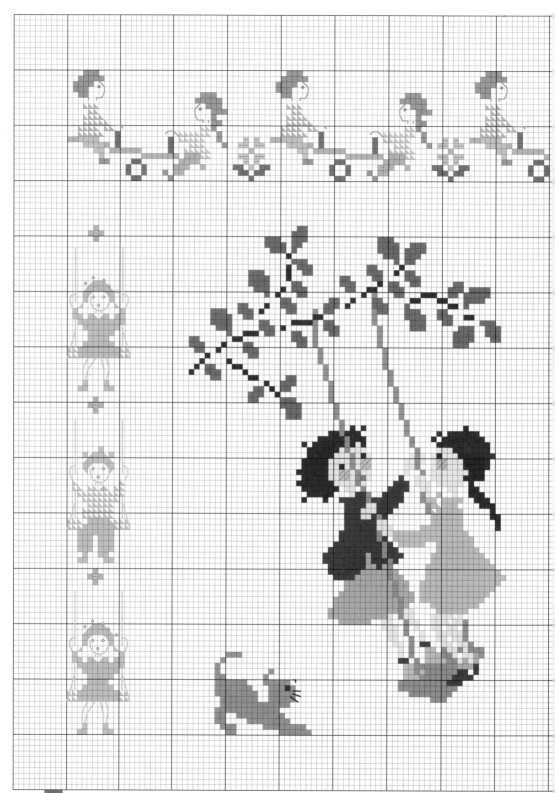

Modèle photographié page 11.

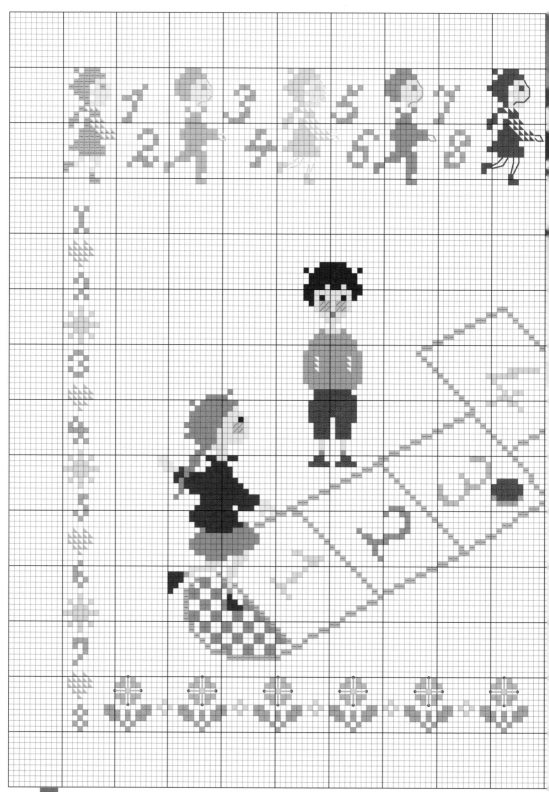

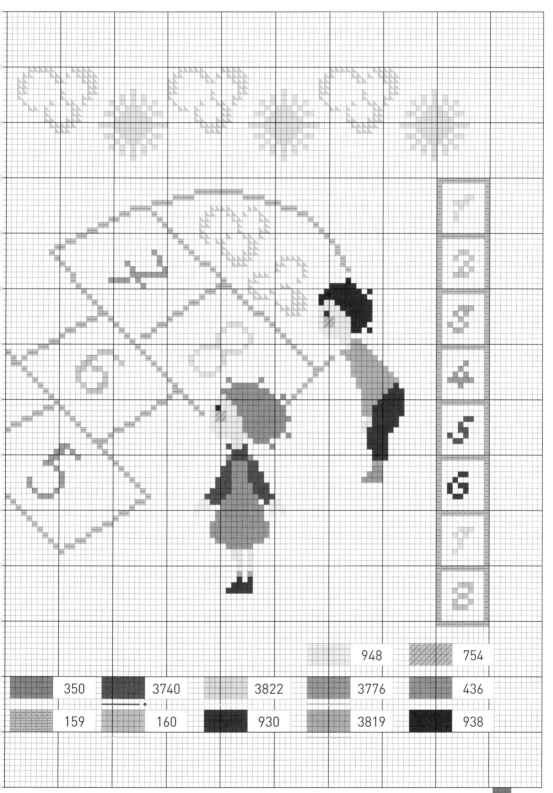

	948		754
350	3740	3822	3776	436
159	160	930	3819	938

Modèle du bas à gauche photographié page 15.

948   754   350

3802   3776   3822   436   159

160   930   3819   434   938

Modèle au centre à droite photographié page 15.

948

754

350

3802

3776

159

160

930

3819

367

938

Frise du bas photographiée page 15.

	948		754		899		350
	3831		3802		3822		3776		436
	434		938		3819		367		160

Modèle du petit garçon photographié page 15.

	754		899		350		3740		948
	3776		436		3819		160		3822
									938

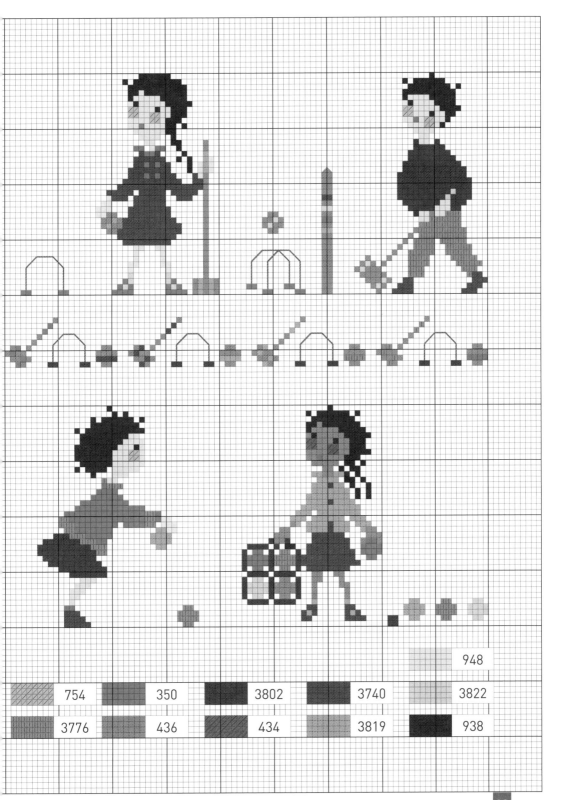

	754		350		3802		3740		948
									3822
	3776		436		434		3819		938

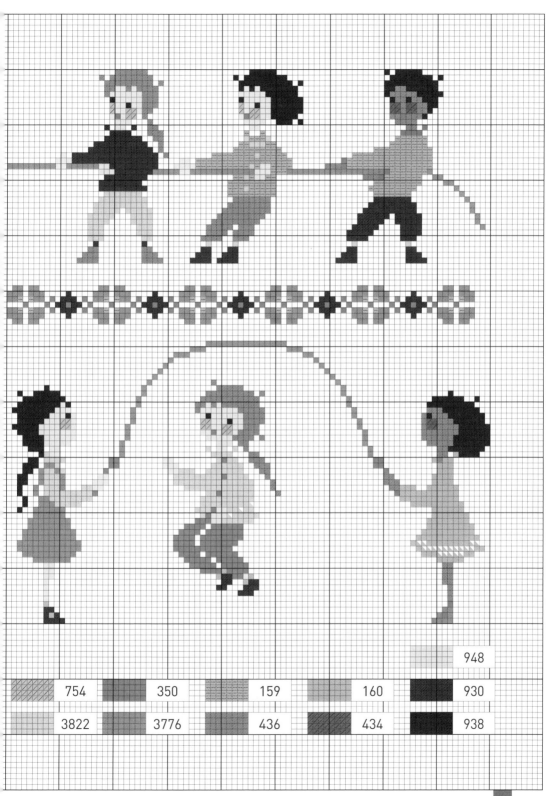

754 350 159 160 930
3822 3776 436 434 938
948

948
754
350
3740
3776
160
930
3819
367
434
938

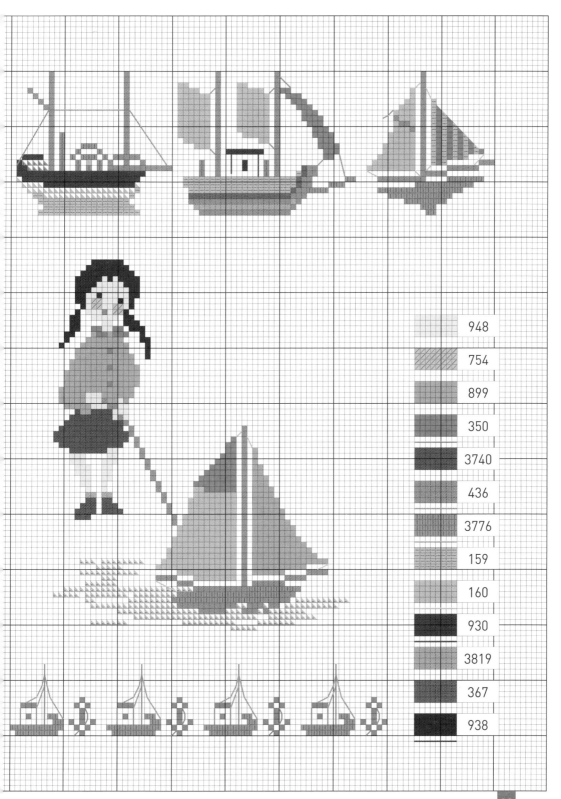

948
754
899
350
3740
436
3776
159
160
930
3819
367
938

948
754
350
3831
3802
3740
3776
436
159
938

Modèle du haut à droite photographié page 4.

Modèles du bas au centre et de la petite voiture verte photographiés page 4.

	754		899		350		3831		948
	3822		3776		436		3819		3802
									938

	948		754
350	3802	3740	3822	3776
436	938	367	159	160

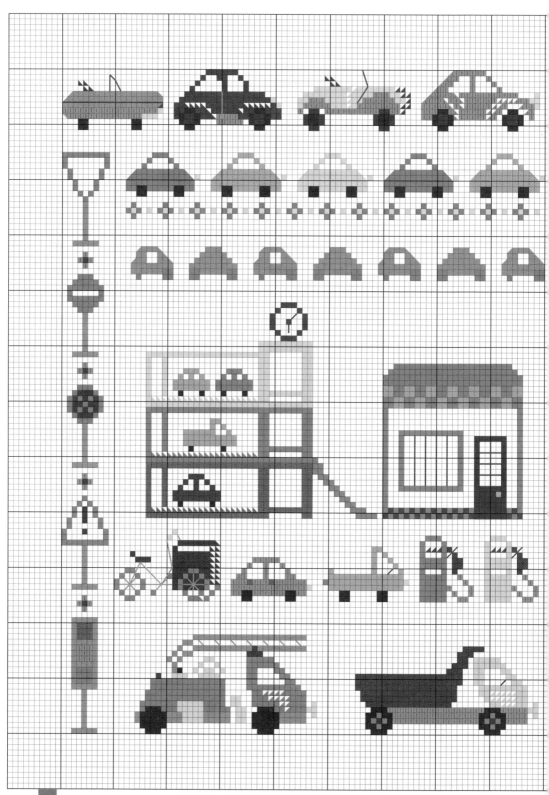

Frise du haut photographiée page 4.

948   754

899   350   3802   3822   3776

436   3819   367   930   938

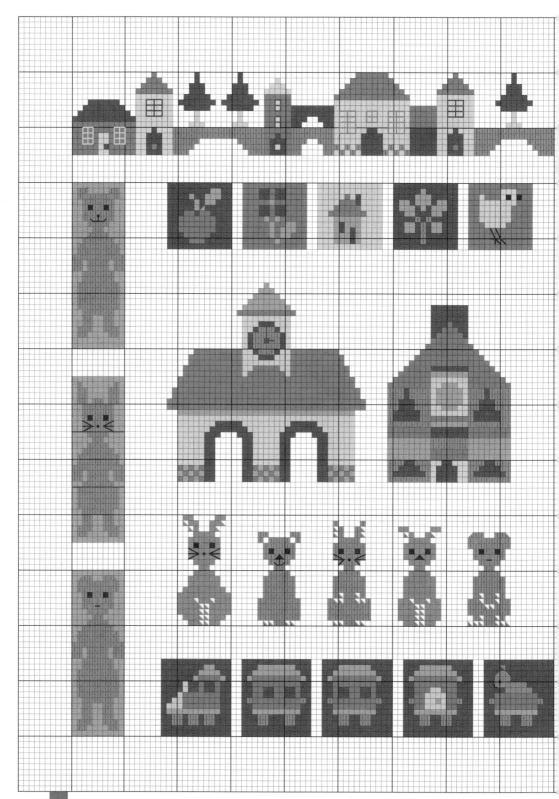

	948		754		899		350		3740
	3822		3776		436		3819		938

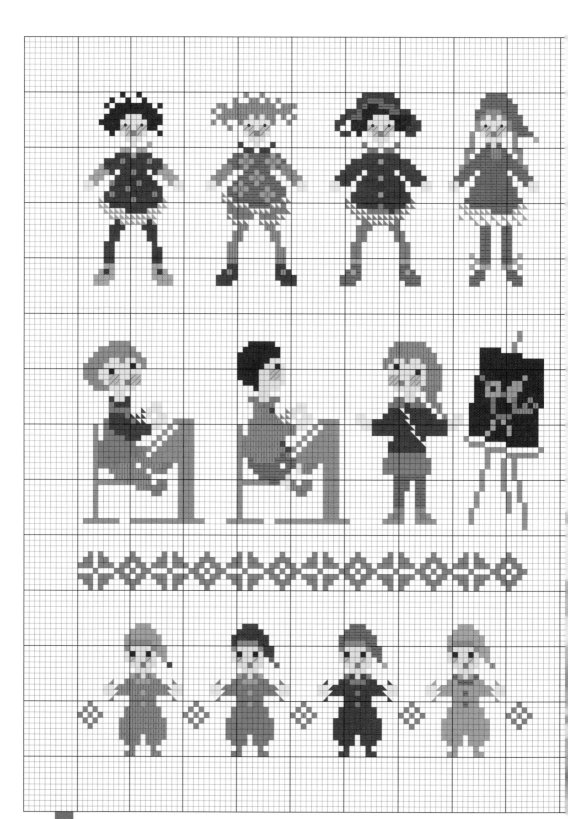

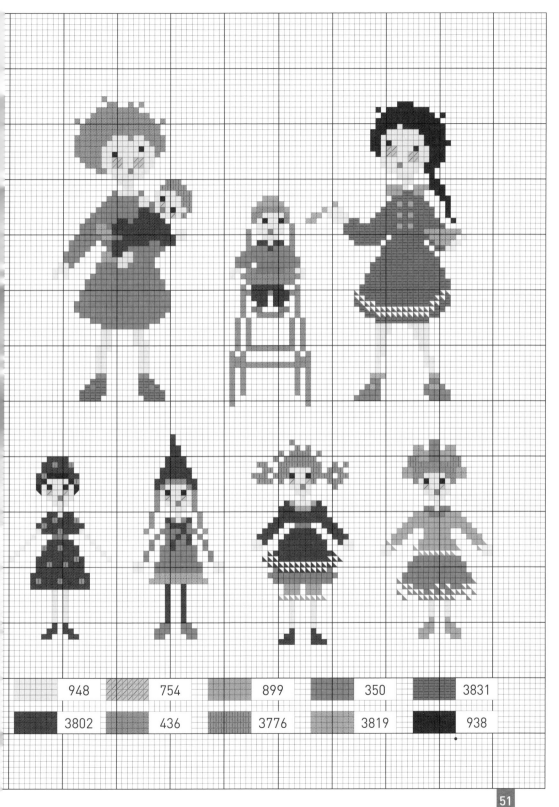

	948		754		899		350		3831
	3802		436		3776		3819		938

	948		754		899		350		3740
	3822		3776		436		160		938

	948		754		350		3831		3802
	3822		436		3776		367		938

	754		899		350		3831		3802
	3822		3776		436		3819		948
									938

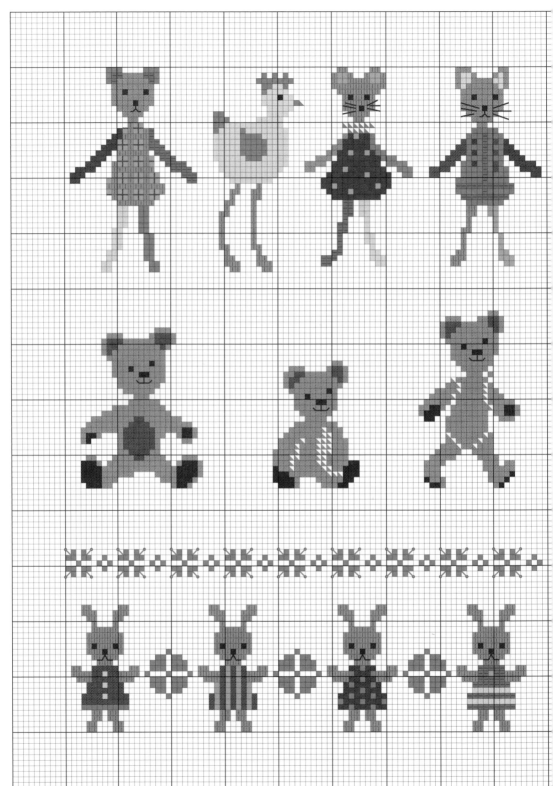

Modèle de l'ourson à gauche photographié page 18.

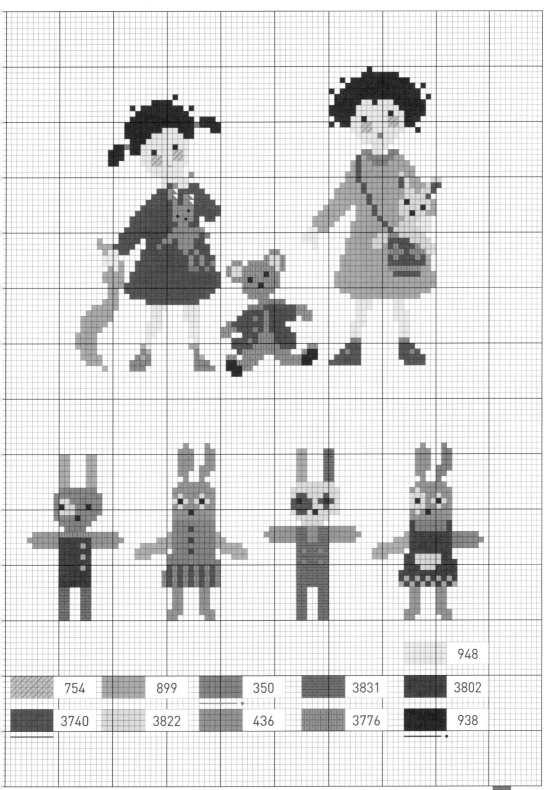

	754		899		350		3831		3802
	3740		3822		436		3776		938

948

Modèle du haut photographié page 19 et en couverture.
Modèle du bas à gauche photographié page 18.

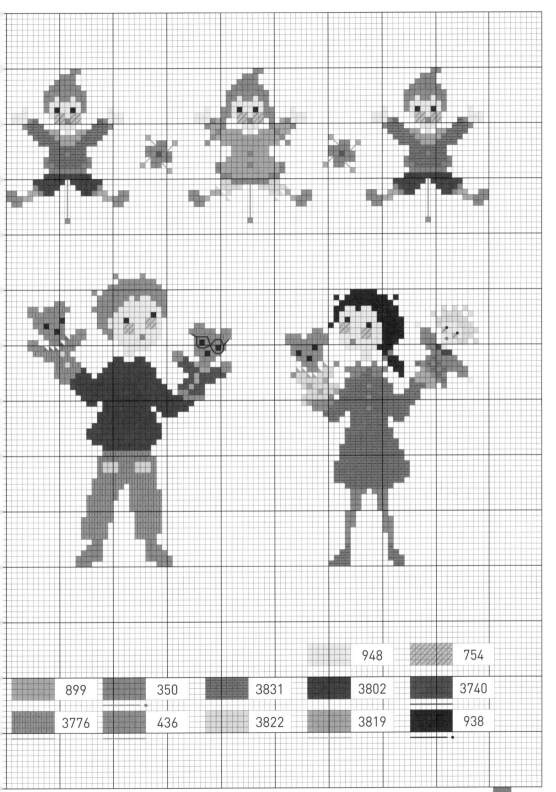

Modèle au centre photographié page 2 et en couverture.
Modèle du bas à droite photographié page 18.

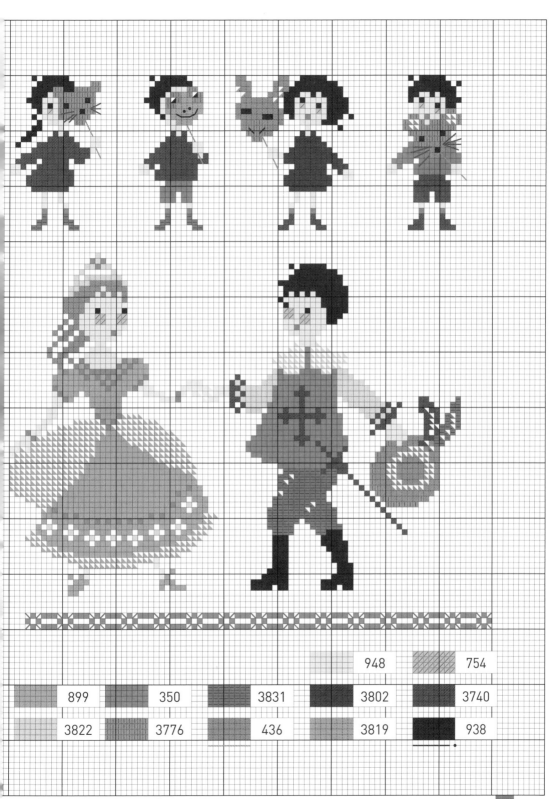

	948		754
899	350	3831	3802	3740
3822	3776	436	3819	938

Modèle du centre photographié page 2.
Modèles du haut à gauche et à droite photographiés page 18.

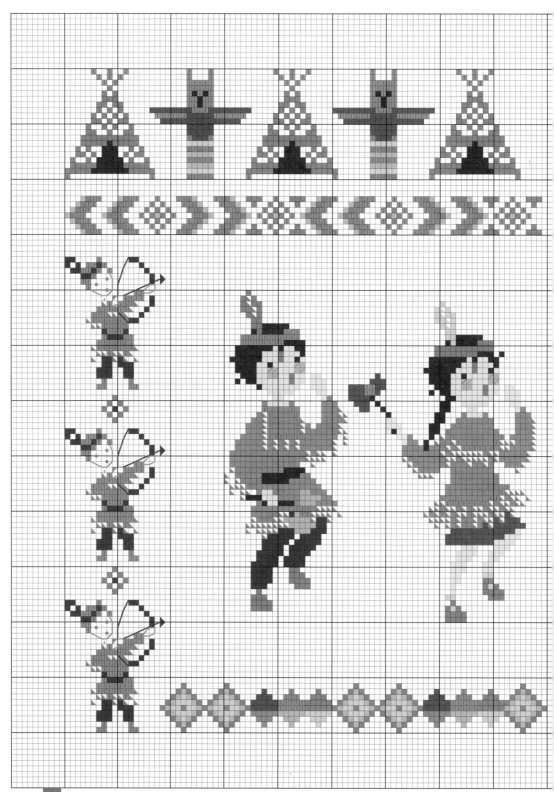

Modèle photographié page 14.

| | 948 | | 754 | | 350 | | 3822 | | 3776 |
| | 436 | | 3740 | | 160 | | 930 | | 938 |

Modèle au centre à gauche photographié page 18.

	754		350		3802		3822		3776
	436		3819		159		930		938

948

948   754

899   350   3802   3740   3819

3822   436   3776   434   938

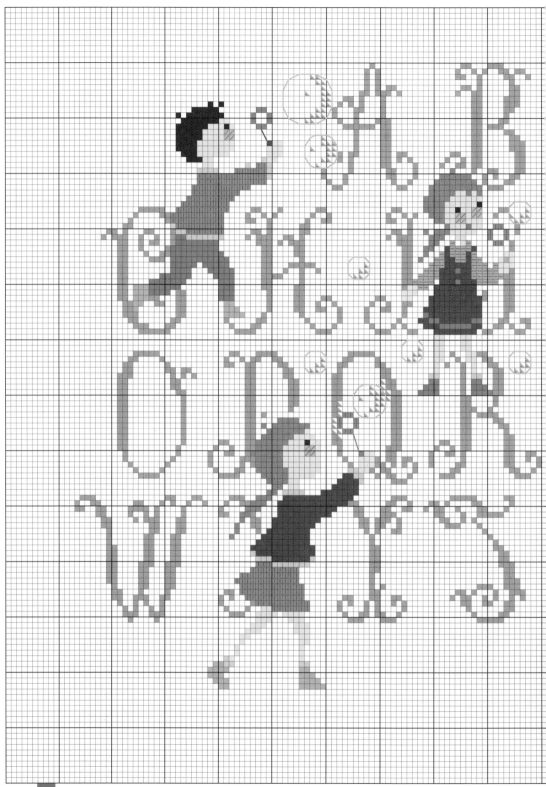

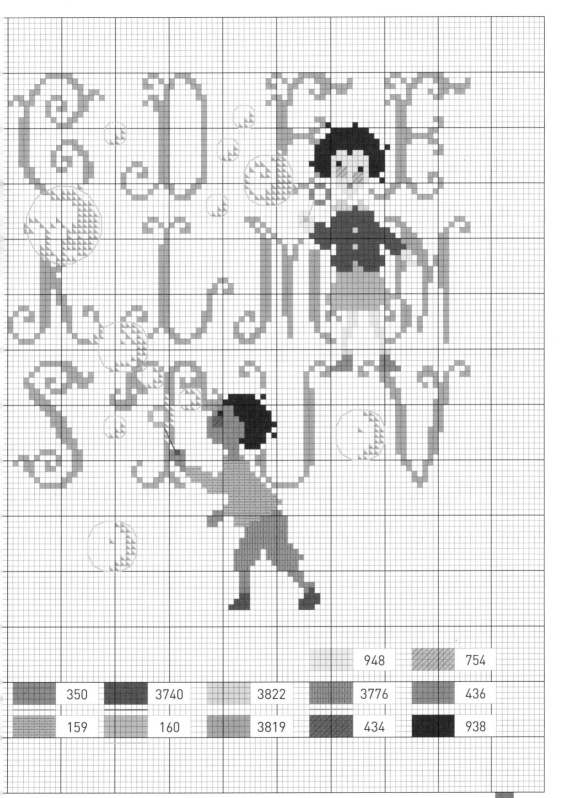

	948		754
350	3740	3822	3776	436
159	160	3819	434	938

L'éditeur tient à remercier DMC qui a fourni les toiles
des modèles photographiés.
DMC • www.dmc.com

Vous pouvez broder les modèles de ce livre sur n'importe quel support
et dans la couleur de votre choix.

Tous les modèles du livre ont été brodés sur de la toile de lin blanche
(DMC B5200) ou bis (632).

Dans la même collection :

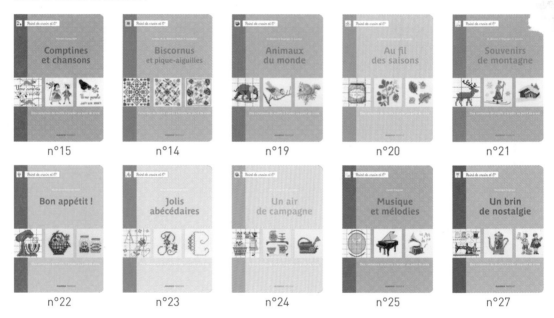

n°15   n°14   n°19   n°20   n°21

n°22   n°23   n°24   n°25   n°27

Direction éditoriale : Guillaume Pô
Édition : Marylise Trioreau
Direction artistique : Chloé Eve
Photographies : Fabrice Besse
Stylisme : Sonia Roy
Mise en pages : Vincent Fraboulet
Fabrication : Aurélie Lacombe

© Éditions Mango Pratique
Mango une marque de Fleurus éditions
Dépôt légal : mai 2013
ISBN : 978-2-8125-0110-4
MDS : 76034
Photogravure : Turquoise
N° éditeur : M 13054-01
Imprimé en Espagne par Edelvives en avril 2013

L'Art du Fil se partage aussi
sur **facebook**.!

www.facebook.com/ArtduFILMangoFleurus